छाँव बरगद की

छाँव बरगद की

स्वरूप

मंजुल पब्लिशिंग हाउस

MANJUL

मंजुल पब्लिशिंग हाउस

कॉर्पोरेट एवं संपादकीय कार्यालय

● द्वितीय तल, उषा प्रीत कॉम्प्लेक्स, 42 मालवीय नगर, भोपाल-462 003

विक्रय एवं विपणन कार्यालय

● सी-16, सेक्टर 3, नोएडा, उत्तर प्रदेश, 201301

वेबसाइट : www.manjulindia.com

वितरण केन्द्र

अहमदाबाद, बेंगलुरू, भोपाल, कोलकाता, चेन्नई,
हैदराबाद, मुम्बई, नई दिल्ली, पुणे

छाँव बरगद की

यह संस्करण 2018 में पहली बार प्रकाशित

ISBN 978-93-87383-39-5

मुद्रण व जिल्दसाज़ी : रेप्रो इंडिया लिमिटेड

समर्पण

उन सबको
जिनके हृदय में 'कविता' है

•

उन सबको
जो मेरे जीवन में आये
और हृदय में 'घर' बनाकर बैठ गए हैं

•

मेरे अपने
पूर्वज,
माता-पिता
और
पाठक वंशावली

•

उन सब विद्यार्थियों को
जिन्होंने मुझे अध्यापक बनाया

अभिमुख

अपने काव्य संसार में गणपत स्वरूप युवामन के रोमांटिक कवि लगते हैं। 'आये कोई स्वप्न सुन्दरी आके यहीं रह जाए।' उनके मन में बसी 'हिरनी बन वन-वन भटके इँह बतराए, उँह बिसराए!'

कहीं वो गीत छोड़ शायरी करने लगते हैं, 'वैसे तो मेला लगता है, हर किसी मुक़ाम पे। तुम्हारे दिल में पड़ाव हो ये भी ज़रूरी तो नहीं!' भगवान से वे प्रार्थना करते हैं तो प्रेम के मोती माँगते हैं। फिर प्रेम में डूबे उनके युवा मन में अचानक सूफ़ियाना अंदाज़ उभरता है और वे हरियाणवी तर्ज में कहने लगते हैं, 'पिय की सुरत भुलाय के जीवण बणा दुखाय!' 'तृष्णा बिसारी न जाय!'

गणपत अपनी तरह के अलग कवि हैं। उनकी कविताओं में छायावाद के संस्कार हैं और आधुनिकता के प्रयोग। वे कभी किसी कविता में एब्सर्ड हो जाते हैं और 'जोम तोम-तोम तोड़ोम-तोड़ोम' का जाप करने लगते हैं और कहीं विज्ञापन युग का वाक्य विन्यास 'आवश्यकता है एक सुयोग्य बधू की!' जैसी मज़ेदार कविता लिख डालते हैं। वे 'कभी कभी मन करता है' तो अँग्रेज़ी में भी 'Who knows!' जैसी कविता लिखते हैं। 'Just I was doing my home work, Why did you come in between?'

हिंदी, अँग्रेज़ी और बोलियों की एक साथ कविताएँ लिखने वाले वे एक विरले कवि हैं। वे अपने शहर की खूबियों को भी बड़े प्यार से बताते हैं। उनकी कविता में दिखते हैं चाय टोस्ट के साथ दिल मिलाते, भोपाल की मशहूर 'पटिया गप्प' हाँकते काली-चार्ल्स और जलाल! 'दिल पे खा के चोट हैं हँसते, कोई नहीं मलाल, मोर नाम भोपाली और ठाँव नाव भोपाल!'

गणपत स्वरूप का रंगमंच से गहरा नाता है। वे एक प्रतिष्ठित, प्रतिभाशाली अभिनेता भी हैं इसीलिए उनकी कविताओं में सुंदर नाटकीयता नज़र आती है जो कविता को पठनीय होने के साथ-साथ दर्शनीय और श्रवणीय भी बना देती है।

इस बहुविध कवि का हिंदी काव्य जगत में स्वागत है। उन्हें शुभकामनाएँ कि वे अपना पाठक वर्ग तैयार कर सकें और उनकी कविताएँ हमेशा के लिए लोगों के दिलों में राज करें!

—अशोक मिश्र
(निर्देशक और पटकथा लेखक, मुंबई)

गणपत स्वरूप पाठक का कवि मन गीति काव्य से प्रेरित है। उसमें छंद नहीं है, कोई गीत भी नहीं है, लेकिन एक तरह की लय है जो सभी कविताओं में सुनी और महसूस की जा सकती है। कई बार यह लय अपने रास्ते भी बदलती है। तुकान्तता है। गीति काव्य के साथ ही उसमें रोमांच है, जो कई बार उर्दू कविता की रोमान्टिक कविता के आसपास आता-जाता भी दिख जाता है। अनेक कविताएँ किसी न किसी रूप में प्रेम कविताएँ हैं, जिनमें आम-सा प्यार और नारियल-सी दुआ है। प्रेम के साथ आयी भटकन है, संदेह है, विरह और प्रतीक्षा है।

कुछ कविताओं में प्रार्थना के स्वर को सुना जा सकता है। यह प्रार्थना ज्ञात और अज्ञात दोनों के प्रति है। आह्वानपरक कविताएँ ऐसी हैं, जो प्रेम के घेरे से बाहर आकर सामाजिकता के अनेक सवालों से रूबरू होती हैं, चाहे शिक्षा का प्रश्न हो या आज़ादी का, हालाँकि उसमें स्वर आदर्शवादी अधिक है। दृष्टि के इस आदर्शवाद में एक भोलापन है जो इन कविताओं के पूरे मिजाज़ में परिलक्षित होता है।

गणपत की इन कविताओं में एक क़िस्म की इनोसेन्स है जो आकर्षित करती है और उनकी कविता पर विश्वास भी जगाती है। आगे का रास्ता कठिन है और उसे झेलने का ताप और संभावना इन कविताओं में है!

—राजेश जोशी
साहित्य अकादमी पुरस्कार प्राप्त प्रसिद्ध कवि एवं लेखक

इक्कीसवीं सदी के दूसरे दशक के कवि श्री गणपत स्वरूप पाठक का कविता संग्रह आज के मानवीय मूल्यों के ह्रासोन्मुख काल में 'नये व पुराने' के बीच की एक सुखद अनुभूति कराता है। जीवन के विभिन्न संघर्षों के रेखाचित्र खींचते हुए, उनकी कविता में प्रकृति के बहुल रंग हैं, जो मानव की जिजीविषा को प्रवाहमान रखते हैं। उनके काव्य-शिल्प एवं भाव-व्यंजना में हमें कुछ-कुछ छायावादी युग का आभास होता है जो 'तमसो मा ज्योतिर्गमय' के मूलमंत्र के साथ-साथ हमें 'व्यष्टि से समष्टि' की ओर ले जाता है। उनकी काव्य-यात्रा के और भी प्रशस्त होने की कामना मैं इन शब्दों के साथ करता हूँ :

"गंध माटी की हमें चंदन लगे
आँख के आँसू हमें वंदन लगे
तुमको महलों-उपवनों की चाह है
झोंपड़ी अपनी हमें नंदन लगे।"

—संतोष रंजन, कवि, आलोचक, अनुवादक,
पूर्व सहायक निदेशक, आई.बी.

गणपत स्वरूप पाठक का सृजन-प्रवाह स्वतंत्र है, और यही इसे मौलिकता की ताज़गी देता है। कवित्त कहीं लयकारी को लेकर सचेत है तो कहीं अपनी लय बनाता सा चलता है, किन्तु इस प्रक्रिया में प्रशंसनीय है 'संवेदनाओं' का अपने ठिकाने पर मुस्तैद होना। पिता के प्रति आदर, परमपिता से अलख, शैक्षिक कर्म का  धर्म, राष्ट्रप्रेम पर भावधारा आदि अभिव्यक्ति के आयामों को, 'नये आकाश' सा विस्तार देते चलते हैं पाठक जी... मैं इस संकलन के प्रकाशन पर उन्हें विनम्र शुभकामनाएँ देते हुए सृजन-यात्रा की निरंतरता की कामना करता हूँ।

—पद्म भण्डारी, नामचीन उद्घोषक,
कमेण्टेटर और वॉइस ओवर आर्टिस्ट

कविता और संगीत अपने आप में अलग विधा है। कविता को संगीतबद्ध करना एक बहुत बड़ा ख़तरा होता है; लेकिन कविताओं में शब्दों को सही स्वर मिल जाएँ और कविता को संगीत का साथ मिल जाए तो वह असर कई गुना बढ़ जाता है। संगीत के नज़रिए से गणपत की कविता में ताल और लय का अद्भुत स्वरूप देखने को मिलता है। 

आमतौर पर हम कविता व गीत में संगीत की धुन खोजते हैं; मगर इन कविताओं को पढ़ते-पढ़ते मेरे मन में संगीत की धुन साथ-साथ चल रही थी। यह एक सुखद अनुभूति है। कविता जितनी सरल होगी उतनी ही असरदार होगी। शायद इन कविताओं में भी यह सरलता बिखरी पड़ी है। वैसे गणपत स्वरूप से मिलना ही कविता से मिलने के समान है। एकदम साफ़ और स्वच्छ!

—उमेश तरकसवार, ख्यात संगीतकार

चित्रांकन

गुलशन गुप्ता

जन्म : 5 फ़रवरी 1995
शिक्षा : संस्कार वैली स्कूल, भोपाल से स्कूली शिक्षा तथा नैशनल इंस्टिट्यूट ऑफ़ फ़ैशन टेक्नोलॉजी, मुम्बई से ग्रैजुएट
अनुभव : इको फ़ैम एवं उपासना (ऑरोविल, पुडुचेरी) में ग्राफ़िक डिज़ाइनर
संप्रति : फ़्रीलांस ग्राफ़िक डिज़ायनर
ईमेल : gupta.gulu@gmail.com

अनुक्रम

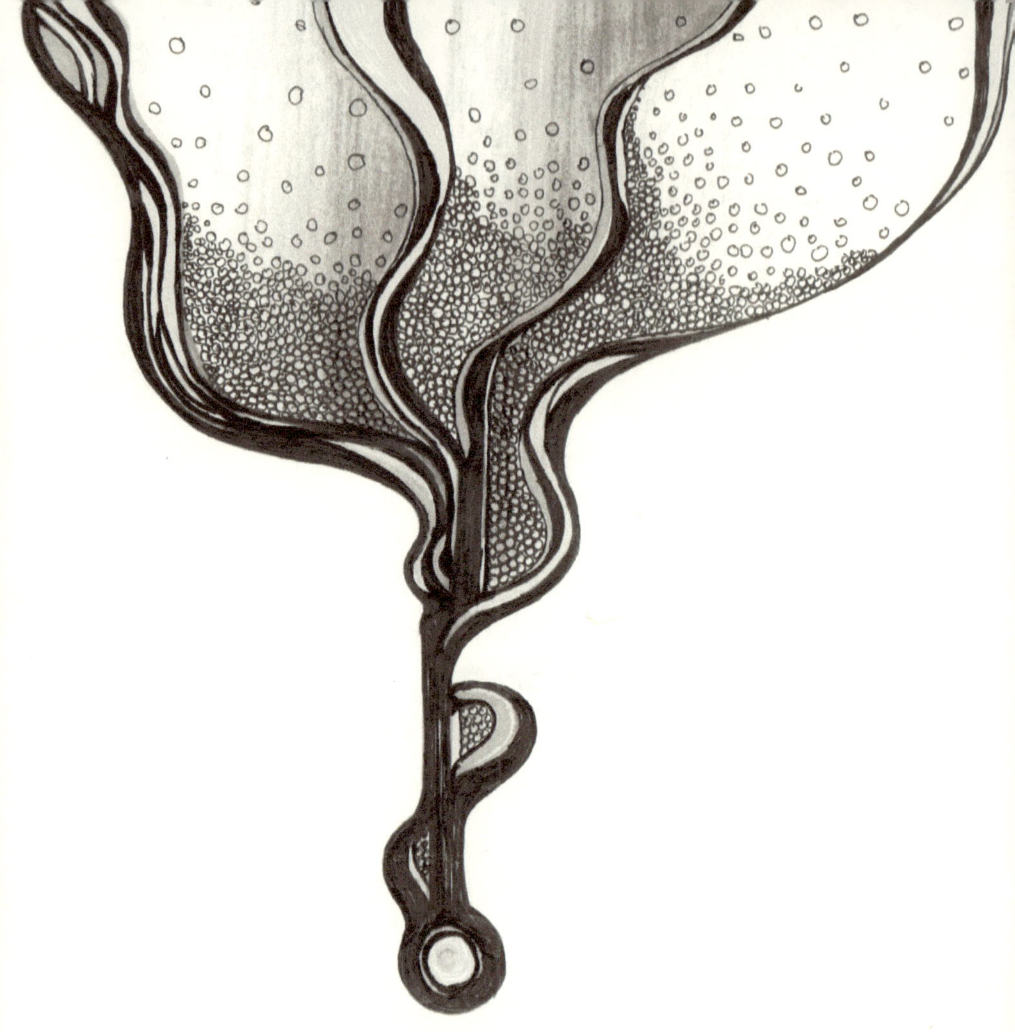

कृतज्ञता

तेरी बड़ाई करने को
कौन-से मोती पिरो लूँ
अपनी वाणी में
कि तेरी प्रशंसा हो
तेरी कृपा का चित्र बन जाए
और तेरी महिमा के मण्डन में
मेरा जीवन धूमिल हो जाए।

कृतज्ञता

जब मेरा जीवन
दुःखों से भरा पड़ा था
तो किसी ने तेरा नाम बताया!

बताया कि सौंप दे
अपनी सारी मुसीबतें
और भरोसा कर!
कह दे कि
अब तेरे आसरे हूँ
बना दे या बिगाड़ दे!

वो पल था कि भरोसा किया तुझपर
और छोड़ दिया अपने को मँझधार में
कि डुबो दे या पार लगा दे!

मैं किन शब्दों में कहूँ
कौन से मोती पिरों लूँ अपनी वाणी में
कि तेरी प्रशंसा कर सकूँ
और बड़ाई करूँ !

लगा जैसे
तूने मुझे
अपनी गोद में उठाया
और धीरे-धीरे
सब सुधर गया !

ऐसे तूने
मुझे शांति दी
और
किनारे
लगाया !

प्रेम के मोती की चाह!

मुझे कुछ नहीं चाहिए देव! तेरी माया से
बस! प्रेम के मोती की चाह, मुझे
तेरे हृदय सागर में डुबो लिए जाती है।

इस जहाँ के लिए तो बस बेकार हो चला हूँ
जबसे तेरा भोलापन उतर आया है मुझमें
पात्र बना हूँ परिहास का, इस पर भी काया,
तेरी करुणा के जल में भीग जाना चाहती है।

डूब जाता हूँ संसार के इस गहरे सागर में जब
विस्मृत हो जाता है तेरा नाम, जो सच है
ठोकरें खाता नियति की अपनों से ही तब,
अनायास ही तेरी याद आ जाती है।

जब तक जहाँ जागता है, हलचल है
मेरे हृदय में, सजग हैं इंद्रियाँ अपने रंग में
लेकिन डूबते ही सूर्य, पसरता है काला अँधियारा
ये आत्मा जाने किस चाह में भटकती फिरती है।

यों तो चहुँ ओर तेरी ही प्रतिमूर्तियाँ हैं
स्वर्ण-कलश लिए, देने तेरा प्रेम, पर
न जाने क्यों? प्यास बढ़ जाती है और
पाने तेरे सान्निध्य में, एक बूँद स्नेह की।

मुझे कुछ नहीं चाहिए देव! तेरी माया से
बस! प्रेम के मोती की चाह, मुझे
तेरे हृदय सागर में डुबो लिए जाती है।

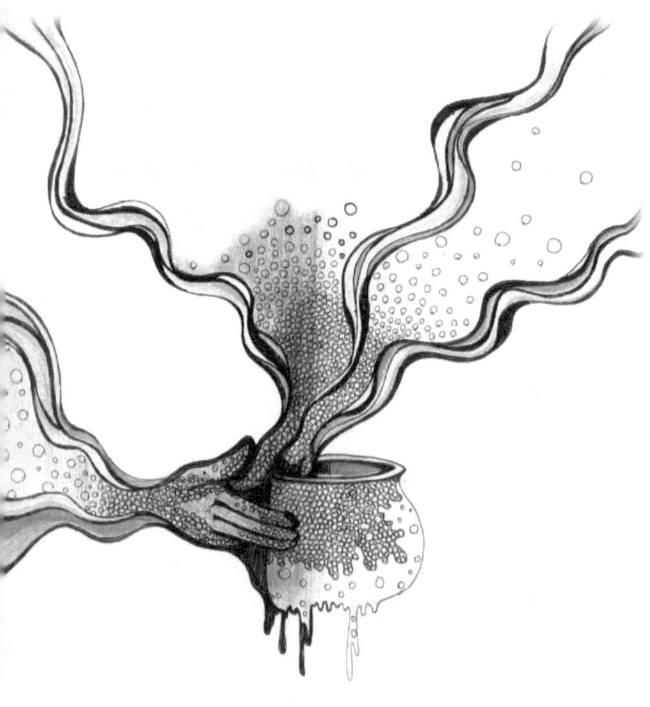

आकाशवाणी भोपाल के लोकप्रिय कार्यक्रम "युववाणी" से प्रसारित।

उलाहना[1]

हम सब तेरी दी हुई छाया हैं
और इस संसार में जगह घेरे हैं
तेरी बनाई धरती पर विचरते हैं
और इसमें उगा अन्न खाते हैं।

तूने ही भोजन दिया
तूने ही आचरण की शक्ति दी
तूने ही ये जिया बनाया है
तूने ही मन दिया
तू सर्वशक्तिमान है।

हम तेरे संकेतों पर
हिलते-डुलते हैं
तेरी ही इच्छाशक्ति से
जीवन-यात्रा करते हैं।

---

1. प्यार भरी शिकायत

मेरा   हृदय
संवेदन[1]   शून्य   है
तू ही मेरा मूल[2] है।

तो   क्यूँ   नहीं   देता
इतना   भान[3]   कि
सुख में भी तेरा स्मरण करूँ
तुझे भजूँ, तेरी महिमा का गान करूँ
यह मेरा उलाहना है तुझ पर
यही बस शिकायत है तुझसे!

---

1. सहानुभूति 2. जड़, स्रोत 3. ज्ञान, बोध, आभास

मौन

अदृश्य प्रश्न
संक्षिप्त उत्तर की लालसा[1] लिए
उठता है "कौन है, जो मौन है?"
जो थामे है, अपने हाथों में
संसार की डोर
नवजात शिशु के
अंतर[2] में कुलाँचें भरता
कि
मैं क्या देखता हूँ?
बहुत सोचता हूँ, विचारता हूँ;
उमड़ते हैं, विचारों के सागर
उत्तर देने, उस अदद प्रश्न का
कम पड़ने लगती है आवाज़
थकने लगते हैं स्वर
हारकर चुप हो जाता हूँ
होते ही मेरे मौन
मेरा अंतर्मन तोड़ता है, ख़ामोशी
और
देने लगता है मेरी
हर बात का
सटीक जवाब !

---

1. अभिलाषा 2. हृदय

आकाशवाणी भोपाल के लोकप्रिय कार्यक्रम "युववाणी" से प्रसारित।

जाग मनुज तू जाग

सो मति लम्बी नींद भई, जाग मनुज[1] तू जाग

पिया मिलन या दर आयेंगे, नैनन नींद बिसार[2]।
घनी नींद लगी रहि जाय; पिया आयँ चले जायँ।
सो मति लम्बी नींद भई, जाग मनुज तू जाग

रात्री सोया खाट पर, दिन में कार-गुज़ार।
पिय की सुरत[3] भुलाय के, जीवण बणा दुखाय।
सो मति लम्बी नींद भई, जाग मनुज तू जाग

रात बँटी चारा पहराँ वै, दो सो और दो जाग।
मरण भये, फिर पूरा सोना, कोई जगा न पाय।
सो मति लम्बी नींद भई, जाग मनुज तू जाग

रात अँधेरी बीत चली, जाग, जाग, ओऽऽऽ जाग!
जिनके भागाँ पिया मिलन, वो ही सुनत ख़ुदाय।
सो मति लम्बी नींद भई, जाग मनुज तू जाग

---

1. मनुष्य 2. विस्मृत 3. स्मृति

समर्पण

कह दे कि दाता तेरे, दर पे खड़ा हूँ
विपदा-मुसीबत से मैं, लिपटा पड़ा हूँ
अर्पण किए हैं, मैंने सारे करम अपने
भरोसा किया है तुझपर, सौंपे हैं सपने
तेरे आसरे हूँ दाता! बना दे, बिगाड़ दे
तेरे आसरे हूँ स्वामी! जहाँ भी विराम दे

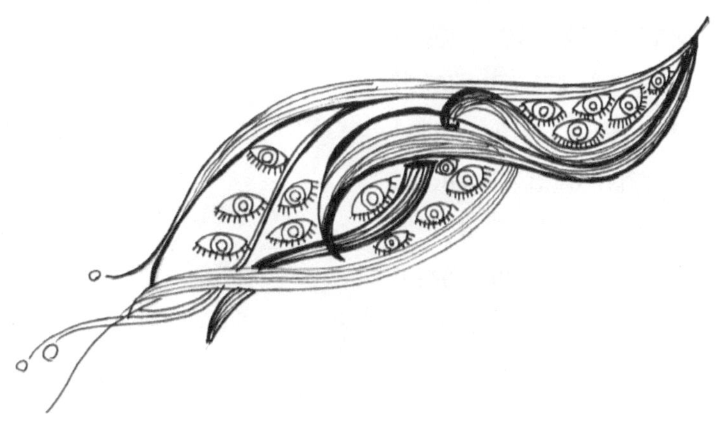

तेरी भगति मन रमता

सब सुधरा, सब सुधरा!
प्रभु, तेरी कृपा, सब सुधरा!!
तेरी छाया, तेरी छाया!
प्रभु, तेरी दरस भई छाया!
मैं जागा, मैं जागा!
प्रभु, तेरी कृपा मैं जागा!!
चित्त लागा, चित्त लागा!
प्रभु, तेरी शरण चित्त लागा!!
दिल लागा, दिल लागा!
प्रभु, तेरी भक्ति दिल लागा!!
जग पाता, जग पाता!
प्रभु, तेरी दया जग पाता!!
मन रमता, मन रमता!
प्रभु, तेरी भगति मन रमता!!
दिखलाता, दिखलाता!
प्रभु, भव्यरूप दिखलाता!!

तृषणा बिसारी न जाय!

हेऽऽऽऽऽ तृषणा[1] बिसारी[2] न जाय!
हेऽ तृषणा बिसारी न जाय!
लाख करिबे जतन, लाख करिबे जतन
तृषणा बिसारी न जाय, बिसारी न जाय!
तृषणा बिसारी न जाय!

रहिबे अटूट–रहिबे अटूट,
धागा लगन का, प्रेम का, रहिबे अटूट–रहिबे अटूट,
आगी जला न पाय, रहिबे अटूट
तृषणा बिसारी न जाय!

रहिबे अमर–रहिबे अजर[3]
पपीहे की प्यास–आस बाक़ी, रहिबे अमर–रहिबे अजर
स्वाति[4] बुझा न पाय, रहिबे अमर
तृषणा बिसारी न जाय!

---

1. पिपासा, प्रबल वासना 2. भूलना 3. ज्यों का त्यों 4. पंद्रहवाँ नक्षत्र

रहिबे अज़ीज़[1]–रहिबे हबीब[2]
सुंदर-सुघड़-चंचल नारी, रहिबे अज़ीज़-रहिबे क़रीब
दूरी बना न पायँ, रहिबे हबीब
तृषणा बिसारी न जाय!

करिबे जतन–करिबे जतन
सुमिरन[3] रहे नाम उसका,
करिबे जतन-लाख-करिबे जतन
सुरत[4] बिसारी न जाय, करिबे जतन
तृषणा बिसारी ही जाय!

लाख करिबे जतन-लाख करिबे जतन
तृषणा बिसारी ही जाय! तृषणा बिसारी ही जाय!
तृषणा बिसारी ही जाय!

---

1. आत्मीय 2. प्रियतम 3. स्मरण 4. याद

हम हैं छाया तेरी

हम हैं छाया तेरी मालिक, आऽऽऽऽ!
है कहाँ बस में हमारी अपनी इच्छा।

तेरी धरती पर है डेरा, ओऽ मालिक!
तू जहाँ पग-पग डुलाए तेरी इच्छा।

प्राण, वायु, जल निरंतर तेरी किरपा[1],
और भोजन पाएँ सब तेरी ही इच्छा।

आचरण की शक्ति भी तेरी बला[2] है,
मन, मनन, संताप[3] बस तेरी ही इच्छा।

तन-जगत की योजना-आयोजना की,
डोर तेरे हाथ, विचलन[4] तेरी इच्छा।

क्यूँ नहीं फिर भान ओऽऽऽऽ मेरे मालिक!
क्यूँ नहीं फिर भान[5] देता मेरे मालिक!
सुख में भी सिमरन करूँ तेरा नाम सच्चा!

दुख पड़े तो बरबस सब तुझको पुकारें,
सुख में जो सिमरन करे वो भक्त सच्चा।

क्यूँ नहीं फिर भान ओऽऽऽऽ मेरे मालिक!
क्यूँ नहीं फिर भान देता मेरे मालिक!
सुख में भी सिमरन करूँ तेरा नाम सच्चा!

---

1. कृपा 2. औषधि 3. कष्ट 4. भटकने 5. ज्ञान, बोध

छाँव बरगद की

आज हवा ने रुख बदला,
या मौसम ने ली अँगड़ाई।
पता नहीं पर ठण्डक दिल में,
और तुम्हारी खुशबू आई।।
खुशबू संग संग होता जैसे,
पल पल अपना साथ।
यहीं कहीं बसते हो अब भी,
धड़कन अपनी साथ।।

तेरे जाने के बाद

कशिश[1] रह गयी दिल में कहीं, तेरे जाने के बाद।
घर में तुझे हर जगह पाया, तेरे जाने के बाद।

क्या है वो? जो उभर आता है दिल से आँखों तक।
गीली पलकों में चित्र, तेरे जाने के बाद।

जो चलता रहा तेरे दिलो-दिमाग़ में उम्र भर
अब रह-रहकर आता है तेरे जाने के बाद।

न जाने किस डोर से तूने मुझे बाँधा है अब तक
कुछ भी नहीं छूटा है तेरे जाने के बाद।

किन शब्दों को मोती बनाऊँ और पहनाऊँ तुझे हार
कि पूरा हो जाये अरमान तेरे जाने के बाद।

तेरे जाने से ग़म में बैचैन हूँ बहुत माना
ये निदामत[2] है, प्यार है, तेरे जाने के बाद!

---

1. आकर्षण 2. प्रायश्चित, शर्मिंदगी, मलाल

छाँव बरगद की

छाँव बरगद की, नीम की हवा।
आम-सा प्यार, नारियल-सी दुआ।

झोला अरमानों का भरे पैदल आना।
अंगूर-खरबूज संग, फुलझड़ी-सी ख़ुशी लाना।

न पढ़ने की सज़ा, मार से कुछ ज़्यादा थी।
बेबसी पे मेरी, रहमदारी[1] आपकी थी।

लौटा दो वो समय, या बदल दूँ तारीख़ें!
कोई तो साथ दे कि लिख सकूँ इबारतें।

कर सकूँ साकार देखे सपने तेरे सारे।
निदामत[2] की आग से मैं जल रहा प्यारे!

---

1. कृपा, दयालुता 2. शर्मिंदगी, प्रायश्चित, मलाल

निद्रामतं

तू कहाँ नहीं है?

मेरी नस में बहता ख़ून हो
या जैसे मैं सोचता रहता हूँ
अपने बच्चों के बारे में घंटों
तू भी सोचता रहता होगा
मेरे बारे में यूँ ही
हर काम करते-करते।

सब्ज़ीवाले से सब्ज़ी लेते-लेते
कि मुझे ये पसंद है
या फलवाले के यहाँ
कोई फल चुनते वक़्त।

या ठहर जाती होंगी
यूँ कहीं आँखें एकटक
मेरे भविष्य के सपने
गढ़ते-देखते
रेल में बैठे-बैठे
या बस लेते वक़्त।

अब जो तू नहीं है !
तो सब ओर
तेरी ही सूरत छपी रहती है
हर उस चीज़ में जो घर में है
हर वह चीज़ जो बाहर है

सड़क, नुक्कड़, गली, तिराहे
जहाँ जहाँ तेरे क़दम पड़े
उन पर तेरी छाप है
तेरे जाने के बाद
उन पर चलना अब आप है

तू वहाँ से मुझे देखता है
और रास्ता दिखाता है
और मुझे अब तक
शुक्रिया कहना भी नहीं आता है

ज़बाँ पे जो आया,
रखा आपने सर-माथे
यूँ ही बीत जाये ये जनम
तेरे गुण गाते-गाते।

मेले-उत्सव, रोज़ दीवाली,
बीता पल यूँ ज़िंदा है
लगता है जीने की ख़ातिर
ये ही पल अब उम्दा है

तेरी सीखें, तेरी बातें, तेरी यादें
कहना क्या है कह देती हैं मेरी आँखें
पूछ रही हैं हाल मेरा क्या, कैसा हूँ?
इस धरती पर जीता क्या मैं वैसा हूँ

क्या कहूँ कि ये निदामत है
या न कुछ कर पाने की घुटन
कशिश[1] है या कि गहरी चुभन!

---

1. आकर्षण

सिनेमा के विद्यार्थी सौरभ दीक्षित कृत लघु फ़िल्म "निदामत" के अंत में उपयोग की गई कविता। youtube: https://www.youtube.com/watch?v=4Xy-o1iUjU8

एक हूक सी दिल में

और भी होंगे हमसफ़र, इस ज़िन्दगी की राह में।
पर तुम्हारे साथ चलने का मज़ा कुछ और होता!

तलाश!

आज इस दिल को
हमदम की तलाश है !

प्रतिपल मेरे रिक्तक[1] मन में
मधुर सरस
कुछ मीठे गान जगाये
कोई किसी इस
चिंतित मन को
दे दिलासा
करे प्रफुल्लित[2]
फिर स्वर मुखरित गीत सुनाए !

जब हूँ दिल से सूना-सूना
जब हूँ बहुत अकेला
दबे पाँव कोई पीछे आये
नैन चुराये
और आकर मेरे नैन छिपाये !

---

1. ख़ाली 2. आनंदित

आज मेरे इस सूने दिल की
बस है यही तमन्ना
आये स्वप्न सुंदरी कोई
आये, यहीं रह जाये!

आज मेरे इस
चंचल मन को
इक हमसफ़र की तलाश है!

चाह !

तुम अब
मेरे दिल में समाहित हो
मेरे दिल की हर धड़कन
तुम्हें पुकारती है !
तुम्हारी हर झलक
इन आँखों के लिए
सुखद है
ये चाहती हैं, तुम
हर पल इनमें उतर आती रहो
जिगर[1]
तुम्हारे लिए बेताब[2] है
प्रतिपल
पुकारता है तुम्हें
अधीर मन
प्रतीक्षा में आस[3] लगाए
कि तुम कब आओगी ?
कब मेरी
युगयुगों की प्यास बुझाओगी ?

---

1. कलेजा 2. आतुर, व्याकुल 3. आशा

दिल तड़पता
तुम्हारे प्यार को तरसता
कल्पना करता
सुखद अनुभूतियों की
प्रतिक्षण
तुम्हारे इंतज़ार में
तुम्हारी
काल्पनिक तसवीर के
इर्दगिर्द[1] घूमता है !

____

1. चारों ओर

इंतज़ार

कई पलों के बाद
ये लमहा गुज़रेगा
और कई लमहों बाद ये दिन
और ऐसे दिन-रात भी कई होंगे
जो मुझे बिताने होंगे
तुम्हारे बिन।

कैसे कटेगा ये वक़्त
ज़ालिमों से भरे झण्झटों का
पल-पल घुटाता घिसता जीवन को
देता है मौत, दुःख भरी
ज़िंदगी के रूप में।

जिस वक़्त
फ़िज़ा[1] भी रूठती दिखती है
और धूप देती, तपन कलेजे को
दाग़ देते हैं
रिश्तों के सरिये[2] लाल
दिल पर; कि
'तुम मेरे हो'
तो करुण पुकार से
माँगता है ये तुम्हारा साथ
पर तुम भी
उस वक़्त
मुँह फेर लेती हो।

काश, होता मेरा 'बॉण्ड'[3] ज़िंदा !
काट देता जाल मुसीबतों का
और भून देता
सारी मजबूरियों को इसी पल
'लाल' हो जाता
मेरा घर
'सफ़ेद' रोशनी से !

---

1. बहार 2. लोहे की छड़ 3. जेम्स बॉण्ड (एक दुस्साहसी नायक)

आकाशवाणी भोपाल के लोकप्रिय कार्यक्रम "युववाणी" से प्रकाशित

शिकायत

शिकायत है तुझसेSSSSSS, ज़िन्दगी !
एक शिकायत है तुझसेSSSSSS, ज़िन्दगी !

शिकायत करूँ मैं किससे ?
तुझसे ? मुझसे ? सबसे ?

शिकायत है तुझसेSSSSSS, ज़िन्दगी !
एक शिकायत है तुझसेSSSSSS, ज़िन्दगी !

तूने मुझे दिया संसार,
इससे नहीं न, मुझे इनकार,
बचपन बिता के, जवानी का दौर,
इससे बड़ी क्या सज़ा कोई और ?

ये शिकायत है, ये शिकायत है,
ये शिकायत है, तुझसेSSSSSS ज़िन्दगी !

एक बोसे[1] की चाहत, दबे दिल की राहत,
सीने में हरकत, फँसी जान साँसत,
ये तिल-तिल के मरना, उफ़ तक न करना!

ये शिकायत है, ये शिकायत है,
ये शिकायत है, तुझेसेSSSSSS ज़िन्दगी!

शरम के परदे, रिवाजों[2] के बन्धन,
रिश्तों का डर तो, सयानों की अड़चन,
तुझे देखना, पर है आँखों का पहरा,
मिलने की चाहत का, सपना सँवरना,
ये मुश्किल है, कहना तेरी तारीफ़ में,
सुन लेंगे ज़ालिम[3] कि, मैं प्यार में!

दिल का दरिया[4] है छोटा, उठती लहरें हज़ार;
है जाना किनारों के, पार बार-बार!

शिकायत है तुझसेSSSSSS, ज़िन्दगी!
एक शिकायत है तुझसेSSSSSS, ज़िन्दगी!

---

1. चुम्बन 2. परम्पराएँ 3. अत्याचारी 4. सागर

ज़िन्दगी

चिलचिलाती[1] ज़िन्दगी ने, हर्ष के कुछ क्षण दिये थे।
अलग यह इक बात है कि गँवा दिये, बेकार दिन थे।
ज़िन्दगी तो ज़िन्दगी है, नाम इसको क्या मैं दूँ!

लहलहाती इस हवा ने, ज़हर के प्याले दिये हैं।
चूँकि यह तो ज़िन्दगी है, इसलिये हमने पीये हैं।
अब यदि कुछ हो भी जाये, क्या इसे अंजाम[2] मैं दूँ!

दर्द ने हमको डँसा है, ग़म तो हमने भी पिये हैं।
दूर मंज़िल, साथ दुश्मन, राह में काँटे बिछे हैं।
ज़िन्दगी तो कारवाँ[3] है, रोक इसको क्यों मैं दूँ!

---

1. चमकती 2. फल, परिणाम 3. काफ़िला, दल

ये भी ज़रूरी नहीं!

आज़ाद जहाँ में आज़ादी मयस्सर[1] हो, ये भी ज़रूरी नहीं।
खुली हवा में, चैन की साँस मिले, ये भी ज़रूरी नहीं।

वैसे तो मेला लगता है, हर किसी मुक़ाम[2] पे।
तुम्हारे दिल में पड़ाव[3] हो, ये भी ज़रूरी नहीं।

यूँ तो चिराग़[4] होते हैं रोशन, रोशनी के लिए।
दिन का अँधेरा दूर करें, ये भी ज़रूरी नहीं।

आजकल फ़िज़ाओं[5] का, चलन ही कुछ और है।
तुम्हारे आसपास हुआ करें, ये भी ज़रूरी नहीं।

हर अर्ज़[6] में मैंने ख़ुदा से, उनका ज़िक्र किया।
क़बूल[7] हो तेरी मन्नत[8], ये भी ज़रूरी नहीं।

---

1. प्राप्त, उपलब्ध 2. स्थान 3. ठिकाना, डेरा 4. दीपक 5. बहार 6. प्रार्थना
7. स्वीकृत 8. मनौती, संकल्प

तेरे बिना

तेरे जाने से, ग़म में, ख़ाली, ख़ाली, ख़ाली।
कौन भरेगा यादों के दिन, ख़ाली, ख़ाली, ख़ाली।

तेरे जाने से, दिलबर, ख़ाली, ख़ाली, ख़ाली।
याद रहेगा चेहरा तेरा, ख़्वाबों में मतवाली।

याद आती हैं तेरी बोलती, ख़ामोश निगाहें।
तेरे आगोश[1] में सोतीऽ, अठखेऽऽऽलती[2] बाँहें।

याद आता है, वो बोऽऽलना, हँसना औचक[3]।
सुर्ख़[4] होठों का बयाँ[5], मानती आँखों की चमक।

याद में पल हैं, वो गूँऽऽजती शहनाई है।
रंग हर शाम का, इठलाऽती[6] अँगड़ाई है।

याद हैं, खींचती तुझको तेरे आसमानों से।
डोर अब छूटती जातीऽऽ मेरे अरमानों[7] से।

---

1. आलिंगन 2. अठखेलियाँ करतीं 3. अचानक 4. रक्तिम लाल 5. गवाही
6. इतराती 7. कामनाओं

याद तू आ न, बस बोऽल आ हमराही[1] से।
पल-छिन हारती, ये ज़िन्दगी, तन्हाई[2] से।

रूह[3] बन आजा यहीं, याऽकि बुला ले मुझको।
साल-दर-साल जिया हूँ, न भूला हूँ तुझको।

यादें बन डोर फ़लक़[4] तक जा टकराती हैं।
रूह बेचैन हो, हर हाल यूँ बतलाऽऽऽती है।

अब तो बस मैं हूँ और मेरी ये तन्हाई है।
याद में रंग तेरा, रूप की धुन छाऽऽऽई है।

---

1. हमसफ़र, साथी 2. एकाकीपन   3. आत्मा   4. आसमान

9 नंवबर 2016 को भारत भवन में मंचित नाटक "अपनी-अपनी मति अपनी-अपनी गति!" में प्रसिद्ध संगीतकार उमेश तरकसवार ने संगीतबद्ध कर इस गीत को गाया।

औैर भी होंगे हमसफ़र

ये ज़िन्दगी है इक सफ़र, हमसफ़र भी और होता!
उम्र के उन हसीन पलों का मज़ा कुछ और होता!

मसरूफ़ियत[1] के वक़्त, ख़ुद वक़्त गुज़र जाता है
पतझड़ में बहार का मज़ा ही कुछ और होता!

मिला प्यार, बहुत बार, हमेशा झोली रही ख़ाली
यक़ीं है अज़ीज़[2] मिरा[3] फ़लसफ़ा[4] कुछ और होता!

चन्द सवालों के उलझे जवाबों में उलझा रहा जी[5]
'हाँ' का असर, इल्तिज़ा[6] में, हाँ! कुछ और होता!

पल पल ज़िन्दगी लड़ती रही, बेरहम[7] बेवक़्त से।
मिलती अगर ख़ुशी तो नतीजा कुछ और होता!

और भी होंगे हमसफ़र, इस ज़िन्दगी की राह में।
पर तुम्हारे साथ चलने का मज़ा कुछ और होता!

---

1. व्यस्तता 2. आत्मीय 3. मेरा 4. दर्शन, दलील 5. अंतस, अंतःकरण
6. विनती, मिन्नत 7. बेदिल, निर्मम

जादू तेरा

मुझ पर जादू तेराऽऽऽ, छाने लगा है!
साँसें देती हैं सुरऽ मन गाने लगा है!

सरगोशियों[1] में डूबी डूबी, बातें तेरी
ख़्वाबों में सजने लगी रातें मेरी
ऐसा हुआ है मुझ पर जादू तेराऽऽऽ!
लब[2] पे होता है अक्सर नाम तेराऽऽऽ!

इक लफ़्ज़[3] पीछा करता दिनभर मेरे
नाम तेरा जो चिपका दिल पे मेरे
जाती हवाएँ सुर में तुझको पुकारें
मन की उमड़ती उलझी बातें सँवारें

मुझ पर छाने लगा है जादू तेराऽऽऽ!
लब पर आने लगा है नाम तेराऽऽऽ!

---

1. कान में कहना 2. होंठ   3. शब्द

इक आस[1] चुपके चुपके बातें करे
बातों में उसकी सुंदर सपने भरे
तैरती लगतीं मेरी सपनीली राहें
सतरंगी सपनों से भर गई बाँहें
हर लफ़्ज़ जाता मेरे सर के परे
घर-राह-मोड़ तक सुध[2] न रहे
अब न रहा मैं तो किसी काम का
मन में बसेरा-डेरा किसी और का

साँसें देती हैं सुरऽ मन गाने लगा है!
मुझ पर जादू तेराऽऽऽ, छाने लगा है!

---

1. आशा 2. बोध, संवेदन

आवाज़

हम तुम मिलें रंग उभरेंगे
रंग-बिरंगी   नारंगी ।

तेरा मेरा प्रेम संयुग्मित[1]
इन्द्रधनुषी छटा[2] आस्तरित[3]
राग सुनाये अंतर्मन के
सम कर दे चंचल मन को
मौसम   कैसा   सरगमी[4] !

तेरी कोमल मुखाकृति
तेरे यौवन की आभा
चंदा जैसे समा गया है
तेरे इस चंदन तन में
अर्पण कर दूँ सर्वस्व अभी !

हम तुम मिलें रंग उभरेंगे
रंग-बिरंगी   नारंगी ।

---

1. मिलन 2. छवि 3. फैली 4. संगीतमय

आवश्यकता है

जोम तोम-तोम तोड़ोम तोड़ोम
मोम जोम लोग कोरोम कोरोम

विविध आवाज़ें :–

वॉण्ट्स, चाहिए, ज़रूरत है, सम्पर्क करें,
आवश्यकता है, तलाश है, वधू की,
शीघ्र सम्पर्क करें, योग्य वर चाहिए,
पोस्ट बॉक्स नम्बर–424,
निम्न पते पर कुण्डली भेजें, आंशिक मंगली के लिए,
सबकुछ ठीक है, पर कालसर्पयोग,
लड़की वर्किंग चाहिए, नहीं-नहीं ये मंज़ूर नहीं।

कोर नोम तोर कोम ओर नोम
कोर लोग मोर नोम तोर नोम

कोई किसी को बता रहा है :–

वो सण्डे वाला पेपर,
वो मैट्रीमोऽनियल जिसमें,
वो 5"4" से हटकर,
वो गोला लगा है जिसमें !

कोई किसी से पूछ रहा है :–

गोरी हो या सुन्दर,
या पढ़ी-लिखी शहज़ादी,
जो टैटू-वैटू रचकर,
टैम-नोट बरबादी ?

स्वप्न में :–

छोड़ो तोम मोरो जोम बोम-बोम
किस कोम तोम नोम सोम शोम

मेरे सपनों में आकर, जुड़ी एक कुड़ी,
ख़ूबसूरत लिबासों में पटाखा लड़ी,

न न न, न न न, न न सिर चढ़ी,
ख़ुद से, ख़ुदा से, ख़ुदा बन पड़ी,

जैसे मिलने-मिलाने की तय हर कड़ी,
न न न, न न न, न न ज़िद अड़ी,

जिसको देखते ही आँखें, गड़ी की गड़ी,
हाँ हाँ हाँ, हाँ हाँ हाँ, हाँ हाँ फुलझड़ी,

न न न, न न न, न न हथकड़ी,
बस अमावस की लाइफ़ में वो हर ख़ुशी !

हाँ हाँ हाँ, हाँ हाँ हाँ, हाँ वो मोती जड़ी !
हाँ हाँ हाँ, हाँ हाँ हाँ, हाँ वो मोती जड़ी !

जोम तोम-तोम तोड़ोम तोड़ोम
मोम जोम लोग कोरोम कोरोम !
कोर नोम तोर कोम ओर नोम
कोर लोग मोर नोम तोर नोम !
छोड़ो तोम मोरो जोम बोम-बोम
किस कोम तोम नोम सोम शोम !

पायल

जब कभी
सुनाई पड़ जाती है
तुम्हारी पायलों की झनक
विचलित हो जाता है दिल
चंचल हो उठते हैं नयन
दर्शना की चाह में
क़दम हो जाते हैं गतिमान
ढूँढ़ने साये को
जो गुज़रा था यहीं से शायद !

स्वच्छंद

मानवीय हक़ीक़तों को
झुठलाने का प्रयास
क्या सफल होगा ?
संदेह है !
फिर भी न जाने क्यों ?
नज़रअंदाज़ कर देता है, ये दिल,
जानता है !
उम्र, जाति, धर्म, व्यवसाय, प्रकृति,
समाज आदरणीय क़ायदों[1] की,
दीवारें काफ़ी मज़बूत हैं,
सुना है !
पर लगता है,
उसे नहीं लगता कि
ये पिंजरे की स्वर्ण शलाकाएँ[2]
उसके स्वच्छंद प्रेम को क़ैद कर पाएँगीं !

---

1. परम्परा, विधि, दस्तूर 2. धातु की सलाई या छड़

क़ैदी दिल की बात

फिरकी सी घूमे-घूमे, घूमे सारी रात।
आ-आकर बतियाती है, भूली-बिसरी बात।
रात खड़ी मुझसे पूछे, कितना तुझको दुख,
पल-पल उतराती यादें, पूछें पिछली बात।
मेरी पत्नी सामने दीखी, हँसती औ' मुस्काती,
उसकी गोद में बच्चा प्यारा, करता तोतली बात।
क्या वो दिन थे जिनमें नाचा करता मेरा प्यार,
फिर मैं भी तो आ जाता हूँ, गाते दिल की बात।
कैसा फिर वो दिन आया, जब आई सिर आफ़त,
हँसते-गाते जीवन में, क़ैदी दिल की बात।
सबने देखा, कोड़े पड़ते न कोई अपराध,
वे ज़ंजीरें, वो दीवारें, छब्बीस साल की बात।
कहाँ जवानी, मस्ती के दिन, घिरा बुढ़ापा,
नहीं चैन पल, मन में केवल मरने की ही बात।

लियो टॉल्स्टॉय की कथा 'God sees truth but waits' का नायक एक ऐसे अपराध के लिए जेल में बंद है, जो उसने किया ही नहीं। वह बूढ़ा हो जाता है। एक दिन इवान अक्सिनोव का सामना उस अपराधी मकार से होता है, जिसने वास्तव में वह हत्या की थी और सज़ा उसे मिली। उस रात उसकी जो मनोदशा होती है, इस कविता में चित्रित की गई है।

मैं चुप हूँ

मैं चुप हूँ,
मैं तब तक चुप हूँ!
जब तक सब, सबकुछ कह न लें,
पूरे रोष[1] में, बह न लें!
मैं तब तक चुप हूँ!
मैं तब तक चुप हूँ!!

मैं चुप हूँ,
मैं तब तक चुप हूँ!
जब तक फूल काँटों से मिल न लें,
काँटों की चुभन सह न लें!
मैं चुप हूँ,
मैं तब तक चुप हूँ!

---

1. आक्रोश, किसी के लिए गुस्सा

मैं चुप हूँ,
मैं तब तक चुप हूँ!
जब तक लोग, पूरा क़िस्सा सुन न लें,
परत-दर-परत साँसें गिन न लें!
मैं चुप हूँ,
मैं तब तक चुप हूँ!

मैं चुप हूँ,
मैं तब तक चुप हूँ!
जब तक सब जन बार-वार[1] कर न लें,
लहूलुहान[2] तन करके, थक न लें!
मैं चुप हूँ,
मैं तब तक चुप हूँ!

मैं चुप हूँ,
मैं तब तक चुप हूँ!
जब तक सब, सबकुछ कह न लें,
पूरे रोष में, बह न लें!
मैं तब तक चुप हूँ!
मैं तब तक चुप हूँ!!

---

1. प्रहार, हमला 2. ख़ून से लथपथ

क़ीमत

हम तेरे प्यार की दुनिया से क्या क़ीमत माँगें?
मेरी क़ीमत क्या है? तेरे बिन, जो क़ीमत माँगें!

खोया है चैन ज़िन्दगी का तुझको क्या पता!
खोई हैं मंज़िलें बहुत, पाकर मंज़िलों का पता!

हरएक पल मेरा, अरमानों का इक डोला था!
बाद ये हाल हुआ संगदिल[1] डगमग डोला था!

क्यूँ न समझ पाई मुझको मेरी तक़दीर[2]-ए-जहाँ!
रोशनी छीन ली आँखों से ओ नूर[3]-ए-जहाँ[4]!

क्या करूँ भटकूँ, तड़पूँ या कहीं मर जाऊँ!
आख़िर कब तक? सभी कुछ सहता जाऊँ!

हम तेरे प्यार की दुनिया से क्या क़ीमत माँगें?
एक बस तू ही रही जिसको हम ख़ुदा से माँगें!

---

1. साथी, हमराह 2. भाग्य 3. रोशनी 4. संसार

अलविदा

तुम्हारी रुचि[1] कहीं और है
तुम्हारे कहने के पहले ही
मैं जानता था कि तुम
मुझे छोड़कर कहीं जाओगी !

सच है कड़वा यह
कि तुम्हारी अपनी सीमाएँ हैं,
इस व्यस्ततम दुनिया में !

जानता हूँ ये भी कि
मुझे तरसता छोड़ तुम
दूर कहीं जाओगी
क्या शिकायत होगी तुमसे मुझे ?
मैंने तो; तुम्हारे प्यार में देखे सुनहरे सपने
स्वाति[2] की बूँद-सी अनमोल यादों के
ख़ज़ाने पहले ही भर लिए हैं !

---

1. अनुरक्ति, आसक्ति 2. पंद्रहवाँ नक्षत्र, उस समय की वर्षा अमृत कहलाती है।

तुम्हारी स्नेह-वर्षा मैंने
अपनी आँखों में सँजोकर रख ली है
ये मत समझना कि
मैं इसे आँसुओं में अभी बहा दूँगा !

तुम जाओगे ज़रूर
पर, मेरी हृदय भावना को
मुझसे छीनकर न ले जा सकोगे
वह तो मेरे हृदय की अनंत गहराइयों में
तुम्हारे सान्निध्य[1] की
एक-एक तसवीर के साथ
ज़िन्दा रहेगी !

और फिर
ईश्वर है मेरे साथ
जो तुम्हारे प्रति अनायास[2] ही
उठने वाली स्मृति-लहरों के समय
मेरे हृदय का संबल[3] बनेगा !

---

1. साथ, संग 2. अपने आप, खुद-ब-खुद 3. सहारा

Bachelor's Complaint!

Just i was doing my homework
Why did you come in between
And asked for a copy
You have taken away the copy
And my concentration as well
Now, i am unable to do anything
And how will i manage to sleep
God knows!

I was enjoying ride on a bike
Why did you overtake,
And showed me the attitude?
You have insulted me
And the speed of the bike as well
Your hair in air
Take away my enjoyment
Now how can i enjoy ride on a bike
Road knows!

In the party
There was everything right
The drink, the fragrance, the chirping,
the music,
Suddenly, you enter like a hunter
For a moment, everything disappeared to me
Your walk, put me on a lock,
Your dress, gave me the stress
Your smile, got my drink on soil
Twinkling of your eye, made me almost die
How can i live with peace
Now, my heart is only a piece
Who knows!

एक हूक सी दिल में

मैं चुपचाप
अपना गृहकार्य करता था
तू अधबीच में आई
और कॉपी माँगी।
तू बहलाकर मुझसे कॉपी ले गई
साथ में, मेरा चैन-सुकून भी ले गई
अब मैं न कुछ और काम लायक़ हूँ
रातभर सो पाऊँगा? कहने में नाक़ाबिल हूँ

मैं मस्त
हवा से बातें करता
मोटरसायकिल घुमा रहा था
अचानक तूने मुझे ओवरटेक किया
और अपनी शान बघारी
मुझे बहुत लगी मिर्ची,
जलन हुई बहुत
मोटरसायकिल की रफ़्तार की
इनसल्ट हुई बहुत

हवा में लहराते तेरे बाल
दिल में मचा गए बवाल
हुआ काफ़ूर सब मज़ा
पता नहीं किस बात की सज़ा

मैं जलसा गया
सबकुछ बड़ा मज़ेदार था
खान-पान, साज़-शाज़,
चहल-पहल और कहकहे
तू आई अचानक
जैसे ख़तरनाक शिकारी
और मेरी आँखों के सामने
सबकुछ ग़ायब सिवाय तेरे
तेरी चाल ने कर दिया घायल
तेरे पहनावे ने कर दिया पागल
तेरी मुस्कान देख मैं बिखर गया
टिमटिमाती आँखों ने सब भस्म किया
अब चैन इक पल नहीं
शूल दिल में कहीं !

एक हूक सी दिल में,
कोई क्या जाने
न सुने हमारी बात,
कोई न माने

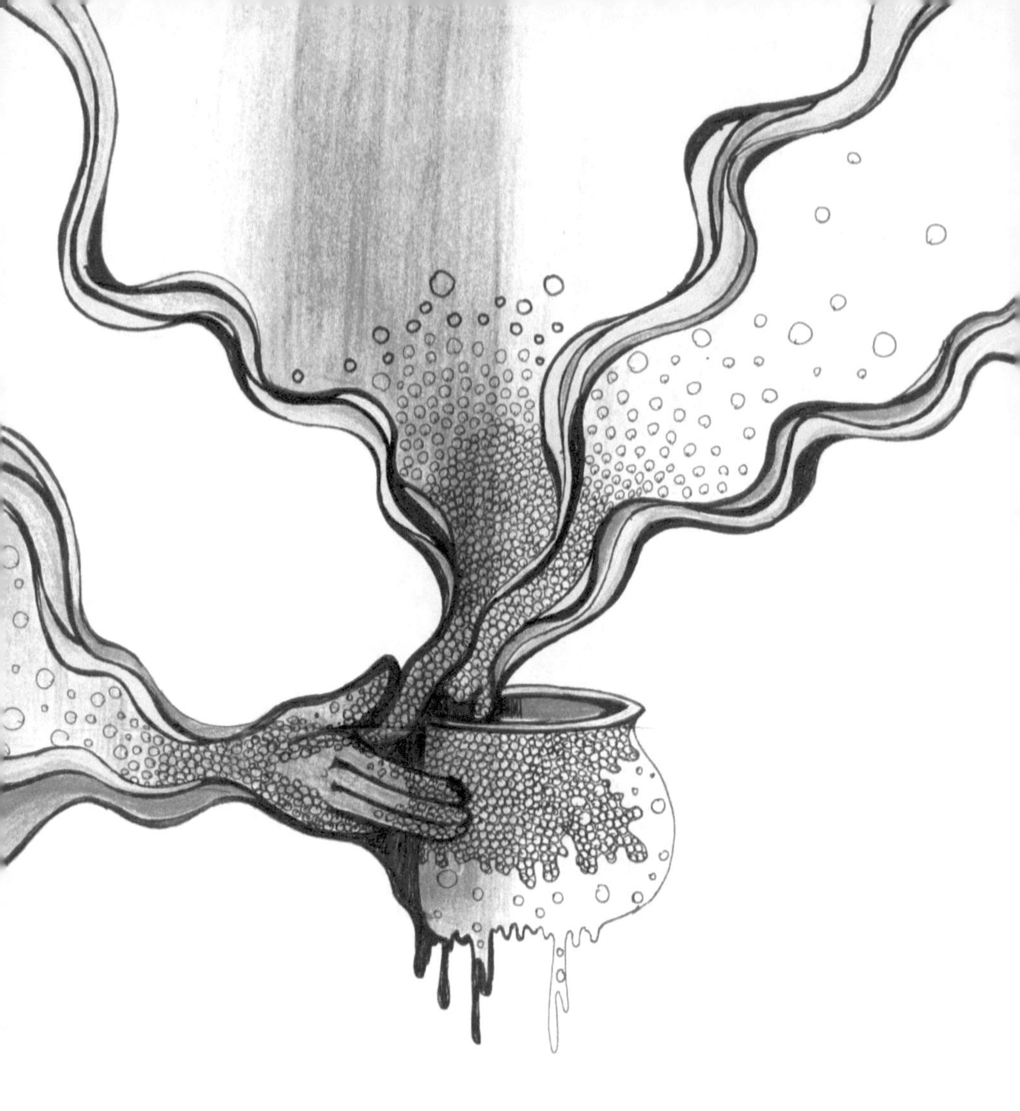

अभिव्यक्ति

होता है बहुत दिल में,
झलकता है बहुत कम।
लफ़्ज़ कहते हैं बहुत सारा,
बयाँ होता है बहुत कम।

राष्ट्रधर्म

है राष्ट्रधर्म मेरी तमन्ना[1]
इस पर है मुझको ग़रूर[2]
ग़र ख़िदमत[3] में जाँ भी जाए
रूह[4] रह जाए यहीं।

इसमें है अब जान मेरी
कर रखा इसका नशा,
झूमते बस इसको गाऊँ
और समा जाऊँ यहीं।

सब पर है इक़रार[5] इतना
इसको सबसे इतना प्यार
मौत यदि अब आ भी जाए
गड़ कर रह जाऊँ यहीं।

सरज़मीं[6] इसकी है ऐसी
जन्नत[7] की तसवीर जैसे
सौंधती मिट्टी है सोना
बस धड़कन मेरी यहीं।

---

1. आकांक्षा 2. गर्व 3. सेवा 4. आत्मा 5. परस्पर मेल मिलाप 6. धरती 7. स्वर्ग

आस्था

विद्यार्थियों !
तुम हो कच्ची मिट्टी
और मैं कुम्हार !
मुझे आती है वह कला
कि तुमको देखकर,
देख लेता हूँ,
मैं तुम्हारा आकार,
आकृति, विशालता
और वह अनगढ़[1] बिम्ब[2]
जो मुझे गढ़ना है, तुमसे !

तुम्हें सुंदर आकार देने में,
जब कभी मेरे हाथ
कठोर हो जाते हैं,
तब भावुक हो जाता हूँ,
मैं एकांत[3] में !

---

1. निराकार 2. छवि 3. शांति, अकेले

पर यही नियति[1] है,
तुम्हारी–मेरी
और
मेरे–तुम्हारे सम्बन्धों का,
कठोर सच !

और संसार का कठोर सच,
यही है कि तुम मिट्टी हो !
तुम्हारी प्रत्याशा[2] भी,
मेरी तरह अवास्तविक है
कि मैं तुम्हें सदैव
संसार की धूप–सर्दी,
आँधी–तूफ़ान से
बचाए रखूँ,
और स्वयं भी,
कठोर न होऊँ कभी,
बस, यूँ ही रखे रहूँ अंजलि[3] में !

सोलह आने ये खरी बात है,
कि मेरे कठोर बने रहने में ही,
तुम्हारा कल्याण है,
क्योंकि
तुम्हारे भीतर छिपे शिल्प[4] को,
बाहर लाने में,
बहुत–से अनगढ़ हिस्से,
कठोर प्रहार कर, निकालने होंगे,

---

1. भाग्य 2. बदले में कुछ पाने की आशा   3. करसंपुट, हाथों में   4. कारीगरी

और जो सुंदर
अनूठे नैन-नक़्श[1] हैं,
उन्हें तराशकर चमकाना होगा !

तो, तुम्हारी प्रतिकृति[2] को,
साकार करने में,
मेरे हाथों को बलपूर्वक,
तुम्हारी कोमल काया[3] पर पड़ना,
एक अपरिहार्य[4] व अनिवार्य प्रक्रिया है !

मैं एक कुशल कारीगर हूँ,
ये भरोसा रखना !
मेरी कलाकारी में आस्था[5] रखना !

भान है मुझे,
कि कितना बल लगाना है
कि अधिक चोट,
आकृति को विकृत कर देगी।
अनुभूति है मुझे,
कि तुम्हें कितना घिसना है,
कितनी छाया में रखना है,
कितना पानी रूपी स्नेह चाहिए, तुम्हें
इस प्रक्रिया को चरम[6] तक पहुँचने तक,

---

1. चेहरा-मोहरा, मुखाकृति 2. प्रतिबिंब, समान 3. शरीर 4. जिसे टाला न जा सके
5. निष्ठा, श्रद्धा 6. पराकाष्ठा, अधिकतम बिंदु तक

ये भी संज्ञान[1] है मुझे,
कि निर्धारित आकृति बनने पर,
कितनी धूप दिखानी है, तुम्हें
कि स्वप्न, साकार हो जाए,
कि कितनी आग में तपाना है
कि यह भव्य मूर्ति,
तपकर कंचन[2] बने
और कल्याणकारी बनकर,
संसार में दीर्घायु को प्राप्त करे!

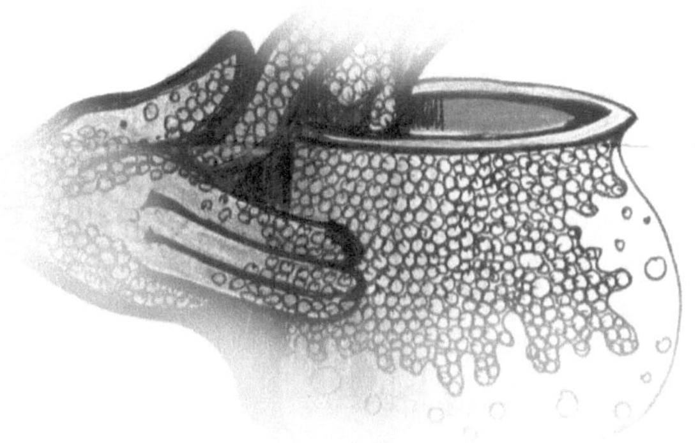

1. जानकारी 2. विशुद्ध सोना

संस्कार वैली स्कूल, भोपाल की वार्षिक पत्रिका "उड़ान" (प्रथम अंक) में प्रकाशित।

ये लोग

जैसे-तैसे
हमारे ब्रिटेनी आकाओं[1] ने
पुरानी तलवार छीनने के एवज़[2] में
हमें बंदूक गिफ़्ट में दी
अब चलाना सीख गए हैं तो
ये लोग हमें डाँटते हैं !

वे दिन लद गए
जब आदमी कोट-पैण्ट देखकर
सलाम करते थे,
सा'ब का वज़न
अपने सिर धरते थे।
अब-जब
हम आज़ादी पढ़ना सीख गए हैं,
तो ग़ुलामी याद कराते हैं !

---

1. मालिक, स्वामी 2. बदले

असंभव पुल बनें
सातों समंदरों पर
और बस जाए अमेरिका चाँद पर
तो क्या लोग
हवा लेना छोड़ देंगे ?
हद कर दी आपने
बीच में बैठ; आप
दुनिया को 'गोल' घुमाते हैं !

भले ही आदमी नंगा हो
न हो खाने को
एक ख़ुशी की चाह,
उसे भी है; प्यारी आज़ादी
ताकि नाच सके दो पल
भुलाकर वो काँटे, जो
लुहान[1] कर देते हैं मानवीयता को
सभ्यता के नाम पर !

---

1. घायल, रक्त रंजित

उजाले की ओट

घोर   अँधेरी   रात
चली   छोड़   डेरा   अपना
जुगनू   भी   मद्धिम   हो   चले   हैं
शायद! किसी भव्य प्रकाश की आशा है।

रोशनी   देता   था   चाँद
रात   के   पहरेदारों   को
और लौट आई है अचानक स्मृति
शायद! कहीं और तेज[1] फैलाना है।

बीते   अँधेरे   के   साथ
ख़त्म   हुई   वफ़ादारी   कुत्तों   की
चापलूसों   की   हूक[2]   भी   बंद   हो   गई   है
शायद! विवेक शेर में जागा है।

फड़फड़ाना   किसी   कबूतर   का
बिल्ली   की   कूँ-कूँ   किसी   दड़बे[3]   से
सुनाई   देती   हैं   मधुर   शहनाइयाँ
शायद! शत्रु के तंबू में फैली निराशा है।

---

1. प्रकाश 2. सुर में सुर मिलाती आवाज़, भेड़िये की आवाज़ 3. कबूतर का घर

अब देर से जाना !

उड़ चले हैं पंछी, छोड़ अपना आशियाना[1] !
आशियाने में पल रहे, चहेतों को जिलाना[2] !!

आसमान में छाये हैं, ये भी तो बताना ।
रंग ख़्वाबों से चुनने, यहाँ तक तो आना !!

मंज़िल है भले दूर, पल का भी न ठिकाना !
उड़ते-उड़ते सूरज तक, यूँ ही चले जाना !!

इंतज़ार में हैं अपने, दिल-ए-मालिकाना !
आयेंगे घर लेकर, ख़ुशियों का ख़ज़ाना !!

हो गया है रोशन, अमिताभ[3] से ज़माना !
तू आई बड़ी देर से, अब देर से जाना !!

---

1. घर 2. जीवन देना 3. असीम आभा

दैनिक भास्कर समूह की पत्रिका "संवाद" में प्रकाशित ।

ज़ीनत

आज हूँ मैं बहुत अकेला !
नहीं है मेरे चहुँ ओर मेला !!
सब हैं अजनबी, या नहीं पहचानते !
मेरे अस्तित्व को या नहीं मानते !!
मैं भी नहीं मिलता हूँ, यूँ ही किसी से !
जब कोई हो उत्सव या होते कहीं जलसे !!
क्यूँ पहचानेगा कोई तुम्हें कि तुम दिखते ही नहीं !
संसार के पैमाने[1] में कहीं टिकते ही नहीं !
तुम अपने दिल की सुनते हो सदा !!
यहाँ दिल की क़ीमत है सिर्फ़ अदा[2] !!
अदाकारी क्या तुम्हें आती भी है !
दुनिया में सिर्फ़ यही काम आती है !!
पर मैं भी ज़िद्दी हूँ जो नहीं मानूँगा ये क़ानून !
सुनूँगा सिर्फ़ दिल की और रहूँगा ख़ुश-प्रसून[3] !!
और एक दिन होगी अदा,[4] मेरे तिल-तिल मरने की क़ीमत !
आएँगे मिलने सब और कहेंगे तू इस चमन की ज़ीनत[5] !!
यूँ ही अकेला नहीं जाऊँगा इस दुनिया से होके विदा !
विदा करेंगे सब मुझे जहाँ से, जो कभी थे मुझसे जुदा[6] !!

---

1. मानदण्ड 2. अभिनय 3. फूल 4. प्राप्त (चुकाना) 5. शोभा, शृंगार 6. अलग

कर्ण

यदि कभी जानना चाहो कि
किसने धारा के विपरीत तैरकर
जीवन की वैतरणी[1] पार की, तो
इतिहास को पलटकर
कर्ण का अध्याय निकालकर अवश्य पढ़ना !

माँ तो मुसीबत लेती है पुत्रों की
पर, उसने तो माँ के सम्मान की रक्षा के लिए
जन्मते ही त्याग किया आँचल के दूध का
गोद का, जन्मप्रदेश का, बहकर
बक्से में, अभ्यास किया आरम्भ
जीवनभर मुसीबतों से लड़ने का !

____

1. जीवन नदी

ठाँव नाम भोपाल

दिल! दिल है देश का, प्रदेश का लाल[1]।
पहाड़ियों से चौतरफ़ा घेरा घिरा विशाल।

घाटियाँ हरी-भरी, मैदान हरे-लाल।
शहर के हर कोने में बड़े-बड़े ताल।

पीले-नीले, रंग-बिरंगे, जामुई-सुर्ख़ लाल।
फूलम-फूल, दिल में दिल, मन भरा मराल[2]।।

मोर, पपीहे, गौरैया और खगवृंदी जयमाल।
चीन्हें रस्ते, बुर्ज़[3]-इमारत, क़िस्सा बयाँ जमाल[4]।

मंदिर के घण्टे का गुंजन, क़व्वाली करताल।
गुरुद्वारे में सबद-कीर्तन, गिरजा का घड़ियाल।

सुबह-शाम की चहल-पहल, पटिया-गप्प कमाल।
चाय-टोस्ट से दिल मिलते हैं, काली-चार्ल्स-जलाल।

---

1. प्यारा बेटा 2. राजहंस 3. किला, गुंबद 4. ख़ूबसूरत, मधुर

व्रत-त्योहार, संग हिलमिल के, दिल से सभी गुलाल।
नाटक-नृत्य, काव्य सम्मेलन, संस्कृति बनी कपाल[1]।

जनम-भूमि है, है बहुतों की, बहुतों की ससुराल।
शरण-भूमि है सब लोगों की, इसका हृदय विशाल।

दिल पे खाके चोट हैं हँसते, कोई नहीं मलाल[2]।
मोर[3] नाम भोपाली है, और ठाँव[4] नाम भोपाल।

---

1. मस्तक 2. रंज, दुख 3. मेरा 4. ठिकाना, निवास

नई सुबह

नमीयुक्त
लालिमा लिये
नई सुबह आई
और दस्तक दी संसार को
जैसे इक ढेला फेंका
स्थिररत जल में
नव उत्साह संचारित हुआ
प्रतिकण में
नवजीवन जागा
स्थिर प्राण में
जीवन चल पड़ा
अज्ञात लक्ष्य की ओर !

गतिशीलता
प्रदान करता हुआ सूरज
फिर
गतिविधियों में तीव्र परिवर्तन
दस्तक के साथ
नन्हें फूल का खिलना
कलियों का मुस्कराना

पक्षियों का
अनपेक्षित मंज़िल की ओर परिगमन
फिर तितलियों द्वारा
पुष्परस हरण !

अनोखी सूत्रता
विभिन्न कार्यकलापों में
प्रेषित करती प्रकृति
संदेश मानव जीवन को
अपरोक्ष रूप से
कहती हुई यह नई सुबह
दस्तक देकर
चली जा रही है तीव्रता से !

अफ़सोस
मानव जीवन अब उठा है
आँखें मल रहा है
और
जाते हुए देख रहा है
नई सुबह को !

---

10 फ़रवरी 1992, दैनिक देशबंधु "बुधवारीय" में नए रचनाकार विशेषांक में प्रकाशित

प्रकोप

अगन से बेसुध[1] है वसुधा[2], तप रहा सारा गगन।
लपट बनकर आग की, सूर्य से बिखरी अगन।
लो आगमन है, ग्रीष्म का लू के भयंकर संग
लथपथ पसीने में डरे, सहमे करें तुझको नमन।

तान सीना हैं खड़े जल-जल झुलसते हैं!
जो हरे थे, नंग और बदरंग लगते हैं!
थामकर अपने शिखर पर, सूर्य का सारा प्रकोप[3]
मैदान सारे अब तो यूँ मरुथल[4] धधकते हैं!

दयाकर, हे ग्रीष्म! रोको भानु[5] को चिंघाड़ता!
नदी-सागर, सूखते, बेरहम सबको लीलता!
नहर-नदियाँ, ताल-पोखर रीतने के सिलसिले
ग्रीष्म तेरी ही विजय! जग सामने तेरे हारता!

---

1. मूर्च्छित 2. धरती 3. क्रोध 4. रेगिस्तान 5. सूर्य

श्री योगेन्द्र सिंह राजपूत द्वारा निर्देशित और भारत भवन में प्रदर्शित बैले "ऋतुचक्र" में ग्रीष्म प्रसंग।

ज़िन्दगी एक खेल

ज़िन्दगी एक खेल है,
हर पल आपको इशारे मिलेंगे।
समझना है
और वैसा करना है।
चूके तो माफ़ी मिलेगी,
सही काम किया
तो तरक्की मिलेगी।
हार कभी नहीं
और गले में हार
हर मोड़ पर!
हार कहीं नहीं
और जीत के अवसर कई!
बंधु!
ज़िन्दगी
ताज[1] लिए हमेशा
आपकी
बाट[2] जोहती रहती है!

---

1. मुकुट 2. राह

फ़ैसला

सुना है कि
सुनकर
निर्णय देते हैं वे
क्योंकि
अनसुनी का निर्णय
करता है, खुदा!

❀

माहौल का असर

आसपास
कच्चे फलों को देखकर
हो गए
पके फल कच्चे
ये और कुछ नहीं
माहौल का असर है!

❀

होड़

मुझे आगे बढ़ता देख
चीखीं वो ज़ोर से
रुको, तमीज़सार!
सुना नहीं क्या?
लेडीज़ फ़र्स्ट!

❀

नफ़रत

बदन तरबतर
और दिन सूखे हैं
लोग पानी के भूखे हैं
अब पानी को भी पानी की ज़रूरत है
इसलिए
पानी को आदमी से नफ़रत है !

अवसर

है ख़ास दिन, आम लोगों के लिए,
आम दिन है कुछ ख़ास लोगों के लिए।
मैं वो न ख़ास हूँ, न आम,
दिल के जज़्बात हुए तमाम।

बड़प्पन

उम्र कहाँ होती है बड़ी
बड़े तो होते हैं, हम
देखो !
पहले वो कितने बड़े थे !
अब हम बड़े हैं; वो छोटे !
पर;
प्यार तो वो वैसा ही करते हैं।

कुण्डलिया

गणपति या संसार में, भाँति-भाँति के लोग।
बोलैं, कछु देखैं नहिं, जियत रहैं तजि भोग।।
जियत रहैं तजि भोग, लोग कछु अति संसारी।
जीवैं भूख बुझायँ, जुटावत घर तरकारी।।
कह बुद्धिजन देख-देख, जग सकल भूमिपति।
भूले-बिसरे लोक, यहाँ सब छोड़ गणपति।।

बुढ़ापा

कभी जो दिल, अँगड़ाई लेता था,
साँस उठ आसमान में बादल बन गईं !
वो ही अंतस, घबराया है, आज !
मचलती उमंगें सूखे पत्तों-सी गिर गईं !
आँगन आया शिशिर, सिसकती साँस,
ठहरते-चलते पतझड़-सी बन गईं !

जयंती

खुद के होने का अहसास !
ख़ुशी देता है, हर साँस।
दिन जनम का होता है ख़ास !
अपने हों जब आस-पास।

विरह

हे मन! तन पर छाया, तन में दर्द समाया!
पिय की चाह जगी ज्यों सरसों, जग भरमाया!
सिमटा है अपने बंधन में, धरती-जीव विशाल!
जिय में अग्नि जलाकर, जीना हुआ मुहाल!

व्यवस्था

कर दो भंग व्यवस्थाएँ सारी!
रहने दो बस एक व्यवस्था!
कहे दिल, सुने दिल
करे दिल, भरे दिल
दिमाग़ को करो निकाल बाहर!

सज़ा

कभी करते थे जो नफ़रत मुझसे
सज़ा मिली उन्हें ये कि
करना पड़ा मुझसे ही प्यार!

तेरा दामन

आज तेरे दामन पर सर रखकर जो रोया;
बहार ही दी, दुआएँ ही निकलीं हर साँस से !
आया जो पहलू में तेरे, मिला प्यार हरबार;
सिसकती धड़कनों में ख़्वाब आया आज से !

तुम

जीवन ये मिलता है एक बार,
और मिलते हैं हमसफ़र कई !
बहुतों में तुम यूँ ही हो, जैसे
कृष्ण की बाँसुरी में सुर कई !

अनुभव

बिता के सरपरस्ती में तेरी चालीस बरस !
ज़िन्दगी तुझे अब कुछ समझने लगा हूँ !!

तुम मेरी हो

पाकर क्या करना जब तुम मेरी ही हो !
खोने से क्या डरना जब तुम मेरी ही हो !

इंतज़ार

पहली ख़ुशी को पाने का इंतज़ार ख़त्म हो कब ?
उसी उम्मीद में हम, दिन-दिन गिनते हैं !

जन्नत

जन्नत की आस क्या, आरज़ू कैसी ?
जहाँ मिले 'ख़ुशी' मेरी जन्नत वही !

जुल्म

मना करते हैं वो हमें, अपनी ओर देखने से !
जुल्म की हद है! क्या अब जीना ही छोड़ दें !

तुम्हारा साथ

होता हूँ क़रीब तो,
आ जाती है आँखों में चमक !
होता हूँ दूर जो,
घेर लेती हैं तन्हाइयाँ हज़ार !

जुदाई

नहीं कहता मैं, करे कोई प्यार मुझे!
मुझे तो ग़म के समंदर में डुबो दो!

***

अनुशासन

क्यूँ बेवजह ज़िक्र छेड़े हो शोर करने के लिए।
और भी चीज़ें हैं ज़माने में ग़ौर करने के लिए।

***

विवशता

पहाड़ों ने भी दिखाई थी ग़ुरबत[1] मगर।
हम साथ चले तो उन्हें भी चलना पड़ा।

***

तेरा प्रेम

दिल में है क्या दर्द छुपा,
तुमको क्या बतलाऊँ!
नस नस में है बहता तेरा
प्रेम किसे जतलाऊँ!!

---

1. विवशता

अभिव्यक्ति

कितनी बार कहूँ कि मुझे तुमसे बहुत प्यार है।
ज़बाँ से जो निकलता है, तुम्हारे लिए ही होता है।

फ़ितरत

जाने पाई कैसी फ़ितरत कि हर लम्हा तुम्हें चाहूँ!
तंग आ गया हूँ खुद से कि क्या और कोई काम नहीं?

प्यार

जब मिलते हैं ताने ज़माने से
तो बुख़ार उतर जाता है।
पर ऐसा क्या? थोड़ी ही देर में
फिर चढ़ आता है!

इज़्ज़त

क्यों भूल जाते हो, शान-ए-शौक़त इज़्ज़त अफ़ज़ाई।
प्यार कर देगा चौपट, ज़िन्दगी की ये गाढ़ी कमाई।

बाधा

ओ मुसाफ़िर ढूँढ़ ऐसा आशिक़-ए-जहाँ !
जिस हसीन का कोई बाप न हो।

❈

इनकार

प्यार भरा ख़त चिन्दी-चिन्दी पड़ा था राह में !
न जाने किस बदनसीब का दिल टूटा होगा !

❈

कवि

जब आदमी बन गया कवि !
तो समझो लुट गया उसका सभी !

❈

जज़्बात

नहीं सुनता मैं ग़ज़ल, न ले जाओ मुझे महफ़िल में।
ज़िन्दा हो जायेंगे जज़्बात, ये बहुत बड़ा ख़तरा है।

❈

स्वीकृति

दीवाना होना काफ़ी नहीं, दीवानी भी हो कोई।
दिल देना ही नहीं प्यार, लेने वाला भी हो कोई।

ख़ामोशी

उनकी चुप है या बात करने की अदा !
अदा है या कि क़यामत तक की सज़ा

निरपराध

किया है ख़ुद को माफ़, जुर्म जो किए मैंने।
ये मेरा फ़ैसला है, लिया है ख़ुद से लड़कर !

कौन

सब चाहते हैं अमन हो बस्ती में।
तो कौन है जो हंगामा बरपाता है ?

दुआएँ

आपकी दुआओं का ही ये असर है!
कि बद्दुआओं से ये सर बेअसर है!
आपकी दुआओं का ही ये असर है!
कि मुश्किल हालात मुझपे बेअसर है!

आस

जीवन में है आस अभी भी टूटे सपने पूरे होंगे!

ग़लती

ये तो हर इंसान के साथ होता है!
जिसमें नहीं होता, वो ख़ुदा होता है!!

तेरा आना

तेरे आने से पलट जाएगी मेरी क़िस्मत।
ये कोई नुजूमी नहीं, मेरा दिल कहता है।

भावना

एक   तलवार   काफ़ी   है
एक इंसान की जान लेने के लिए !
भावनाओं को मारने के लिए
बहुत   कुछ   चाहिए !!

शहर

भीड़ भरे इस शहर को यूँ वीरान न कहते।
ग़र दिल ये हमारा, तन्हा न होता।

दोस्त

दिल में मैंने मुझको ढूँढ़ा,
मैं न मुझको कहीं मिला।
जहाँ देखा वहाँ तुझको पाया,
आँखों में छाया है तू।

यादें

सपनों में डूबते-उतराते
ये दिन चलते जाते हैं।
उन दिनों के सहारे,
हम भी बीते जाते हैं।

मजबूरी

तड़पनें उठती रहीं
हर पल तुमसे मिलने की।
क़िस्मत से हमारी ज़ेब में,
चार पैसे भी न थे।

❀

ख़ता

किसी को चाहते रहना तो कोई ख़ता नहीं !
ख़ता   तो   जब   होती   है,
जब   हाल-ए-दिल   किसी   से   कहें !

❀

जिज्ञासा

मैं क्या जानूँ
तुम कौन हो
क्या हो ?
क्या है
तुम्हारे दिल में?
कब मुस्कराते हो
मैं क्या जानूँ ?

मेरा मन

पिता हूँ
से ख़्यााल है
पल पल!
डोलती हैं इर्दगिर्द
मेरी परछाइयाँ!!

मेरा मन

भटके ये मन कहाँ-कहाँ
पल-पल जाए यहाँ-वहाँ
कभी हिरनी बन
वन-वन भटके
इँह बतराए, उँह बिसराए।
या फिर
नीली आँखों में
परियों का देश उठा लाए
या फिर
भीगी आँखों में
जिय का मर्म जगा जाए।

कभी चाँद पर लगा के सीढ़ी
झटपट जाए उतर आए।
या फिर
बिन वाहन के मुझको
सैर गगन की करा लाए।
कभी सहमता कभी कौंधता
कभी चकित हो चकराए।
या फिर

मेरी आँखों पर ये
पट रंगीन बिछा जाए
तरह-तरह के चित्र हैं उसमें
रूप जहाँ का दिखलाए।
कभी डोलता मस्त पवन-सा
कभी मंद हो मुस्काए।
कभी चलाए मोटर गाड़ी
कभी जहाँ की रखवाली
कभी बहाए ख़ून पसीना
कभी भाग्य पर इठलाए
या फिर
बरसाती आँखों में
माँ का रूप समा जाए
या फिर धुँधलाती आँखों में
रिमझिम रिमझिम याद आए।

मेरा ये मन, कैसा चंचल
आज़ादी का प्यारा घोड़ा
नहीं किसी के हाथ लगाम
जहाँ की लम्बी सड़कें हैं।
जिनका कोई
आदि न अंत।

छप्पर नीचे

छप्पर नीचे बल्ब जले
चंदा जैसे गगन तले
चाँद-सी बुढ़िया वहाँ रहती है
जाने वह क्या-क्या करती है
हरदम हँसती रहती है
सूत कातती गाती है
कभी कहानी कहती है
ख़ूब ठिठोली करती है
बच्चे ख़ूब नाचते हैं
हँसते रोते गाते हैं
बच्चे उससे हिलमिल रहते
चंदा से ज्यों तारे रहते!

प्यारे प्यारे चंदा मामा

प्यारे-प्यारे चंदा मामा
प्यारे-प्यारे चंदा मामा

रात को बाहर नील गगन पर
दिन में पृथ्वी के दौरे पर
प्यारे-प्यारे चंदा मामा
प्यारे-प्यारे चंदा मामा

रुई के फ़ाए छितराते हो
फिर उन पर तुम उतराते हो
प्यारे-प्यारे चंदा मामा
प्यारे-प्यारे चंदा मामा

रात को दुनिया सो जाती है
चाँद के तन पर चाँद के अंदर
झटपट बुढ़िया सूत कातती
प्यारे-प्यारे चंदा मामा
प्यारे-प्यारे चंदा मामा

जलबुझ करते झिलमिल तारे
चंदा मामा के हैं यार
चंदा मामा के शृंगार, बच्चों के हैं प्यारे
प्यारे-प्यारे चंदा मामा
प्यारे-प्यारे चंदा मामा

काकातुआ

न मैं हूँ भारत का वासी,
नहीं चीन का रहवासी।

ऑस्ट्रेलिया है मेरा घर,
काकातुआ नाम अमर।

दूध के जैसा मेरा रंग,
मेरे आगे सब बदरंग।

सिर पर ताज यूनानी है,
तोते को हैरानी है!

देश हमारा उपवन

देश हमारा इक उपवन है
हम इसकी फुलवारी हैं।
देश हमारा इक आँगन है
हम इसकी किलकारी हैं।

हमसे बने देश का जीवन
हम इसकी सुंदर कलियाँ हैं।
हमसे सजे देश की काया
हम इसकी फुलझड़ियाँ हैं।

उजला उजला एक गगन सा
हम इसके झिलमिल तारे।
ऊँचा स्वच्छ हिमालय सा
हम इसके छौने प्यारे।

---

26 जनवरी 1992 में दैनिक जागरण "रविवारीय" में प्रकाशित

बरखा आई

बरखा आई, बरखा आई,
सावन का महीना ले आई!
गर्मी इसने दूर भगाई,
ऊपर से पानी ले आई!
हरी-हरी हरियाली छाई,
मौसम में परिवर्तन लाई!
सभी को बरखा बड़ी सुहाई,
मोर की खुशियाँ वापस लाई!
बच्चों को सुन्दर तोहफ़े लाई,
साथ में सुन्दर राखी लाई!
मेंढक की जब बजी शहनाई,
बरखा आई, बरखा आई!

जुलाई 1992 में दैनिक जागरण "रविवारीय" में प्रकाशित

गौरैया

चीं चीं कहती मैं हूँ तेरे,
घर की शान साँझ-सवेरे।

एक सकोरा पानी रखना,
चावल-दाल साँभर चखना।

और कभी दो बोल हमारे,
सुन लेना जब आएँ सकारे।

मेरी तेरी एक कहानी,
न पानी तो न ज़िन्दगानी।

मैंने कही और तूने मानी,
बादल जंगल रिमझिम पानी।

बंदरजी

हमें रुलाएँ बंदरजी,
हँस-हँस गाएँ बंदरजी।

मक्खन रोटी हमसे छीनी,
दाँत दिखाएँ बंदरजी।

बर्तन ले जाएँ, कपड़ा फाड़े,
मुँह लटकाएँ बंदरजी।

बर्तन घिसते हँसते-हँसते,
रोज़ सताएँ बंदरजी।

इक तो घर में चोरी करते,
डाँट पिलाएँ बंदरजी।

ऐले-बेले उकड़ूँ बंदर,
घात लगाएँ घर के अंदर।

सबकी नाक पे नाच नचाते,
खूब सताएँ बंदरजी!

शिक्षा और आचरण

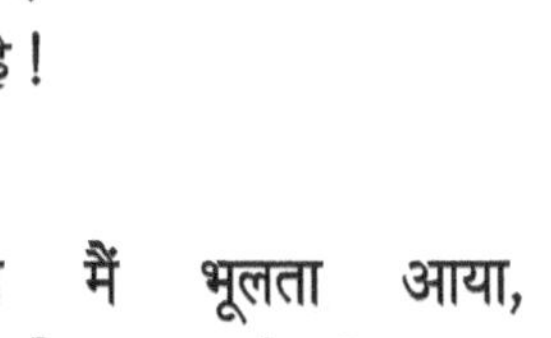

युग-युगों से वही पुरानी,
सीखों को यूँ रटता है,
इसीलिए तो भूलने में,
समय बहुत कम लगता है!

सदियों से मैं भूलता आया,
भूल गया जो कुछ भी सिखाया!

मुझे   मेरी   मम्मी   ने,
बड़े   ही   जतन   से,
कथा   से   कहानियों   से,
गुरुजी   की   वाणियों   से,
ऋषियों   की   साधना   से,
वेदों   की   वाणियों   से,
अनेक   उदाहरणों   से,
प्यार   से   समझाया–

"बेटा! झूठ बोलना पाप है,
सच बोलना ईश्वर का साथ है,
अतएव, सदैव सत्य आचरण करो!"

किन्तु मैं कैसे बोलूँ?
राज़ ये कैसे खोलूँ?

जब भी कभी मेरे, जीवन की गाड़ी,
चलते-चलते यूँ ही, बल खा जाती है
मेरा दिमाग़ भी, साथ छोड़ देता है
और मैं भूलकर, झूठ बोल देता हूँ!!!

सदियों से मैं भूलता आया,
भूल गया जो कुछ भी सिखाया!

मेरे   शिक्षक   ने,
बड़े ही अलग ढंग से,
वेदों-पुराणों   से,
तीरों-कमानों   से,
सृष्टि के निर्माणों से,
धरती-अंबर-नक्षत्र,
अंतरिक्ष-विज्ञानों   से,
सदा ही सिखाया है –

"वत्स! ये संसार नश्वर है,
तू भोग में लिप्त न हो,
पानी में कमल की तरह रह, और

मानवता के कल्याण में लीन रह!
चोरी मत कर, लोभ-लालच से दूर रह,
अच्छी संगति कर,
इससे अमृतवाणी स्मृति में सदैव बनी रहती है!
बुरी संगति से दूर भाग,
उससे अच्छे विचार और अच्छी सीखें,
विस्मृत होने लगती हैं; अर्थात्
असमय विस्मृति का मरीज़ बन सकता है!
तो हे वत्स!
अच्छी सीखों को मन में गाँठ बाँधकर रख ले,
तेरी स्मृति यदि बनी रही,
तो तू सबमें अग्रणी रहकर मानवता का
बड़ा भला करेगा!"

किन्तु मैं क्या बोलूँ?
हाल-ए-दिल क्या कह दूँ?

जब भी कभी मेरा मन भर आता है,
लड्डू-कचौरियों पर जी लुट जाता है,

चक्कर में, मैं जब यूँ ही फँस जाता हूँ,
अपने को बचाने में दूजे को फँसाता हूँ,
मेरी इन बातों पर बहुत-से फ़िदा होते,
आशिक़ मेरे होते, बाँहों के घेरे होते,

कोशिश तो करता हूँ, बहुत-कुछ सुधरने की,
मगर स्मृति मेरी, आड़े बहुत आती है!

सदियों से मैं भूलता आया,
भूल गया जो कुछ भी सिखाया!

जो भी सिखाया, ऐन वक़्त पर,
विस्मृति हमसे छीन ले गई!
जिन्हें विजित करने का प्रण था,
वो शत्रु बच निकले, हम यहीं !!!!

सदियों से मैं भूलता आया,
भूल गया जो कुछ भी सिखाया!

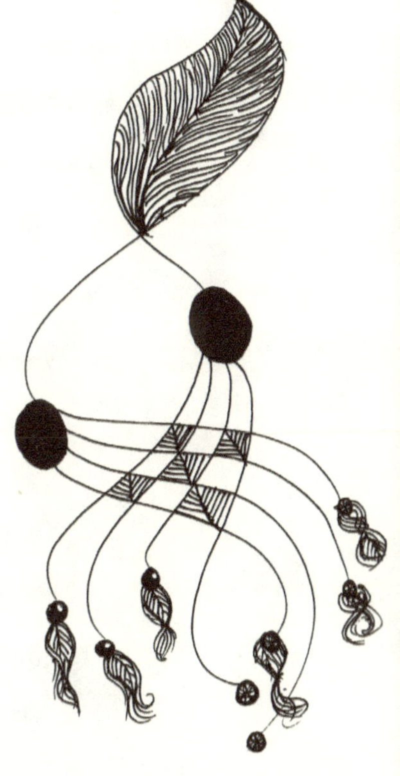

कृतज्ञता

श्री राजेश जोशी, भोपाल

श्री अशोक मिश्र, मुम्बई

श्री संतोष रंजन, नई दिल्ली

श्री विकास रखेजा, मंजुल पब्लिशिंग हाउस

श्री पद्म भण्डारी, भोपाल

श्री उमेश तरकसवार, भोपाल

श्री कपिल सिंह, मंजुल पब्लिशिंग हाउस

श्री संजय दोगने, मंजुल पब्लिशिंग हाउस

श्री रवि प्रजापति, मंजुल पब्लिशिंग हाउस

गुलशन गुप्ता, ओरोविल, पुडुचेरी

अमिता सिरासाओ, भोपाल

❧

सरस्वती विद्या मंदिर, रायसेन

बाल भारती पब्लिक स्कूल, भोपाल

डी.पी.एस., भोपाल

डी.पी.एस., चित्तौड़गढ़

डी.पी.एस., हरियाणा

एस.एन. कनसागरा स्कूल, राजकोट

संस्कार वैली स्कूल, भोपाल